Der große Fund

und andere Vorlesegeschichten

Die Bastei Lübbe AG verfolgt eine nachhaltige Buchproduktion. Wir verwenden Papiere aus nachhaltiger Forstwirtschaft und verzichten darauf, Bücher einzeln in Folie zu verpacken. Wir stellen unsere Bücher in Deutschland und Europa (EU) her und arbeiten mit den Druckereien kontinuierlich an einer positiven Ökobilanz.

FSC www.fsc.org MIX Papier | Fördert gute Waldnutzung FSC® C002795

Originalausgabe

Cover und Serienbilder: Akkord Film Produktion GmbH, Berlin
Umschlag-, Innengestaltung und Satz: Thomas Krämer
Gesetzt aus der Chaparral Pro
Druck und Einband: Livonia Print, Riga

Unter Verwendung der Bilder aus der Fernsehproduktion »Petronella Apfelmus – Die Serie«
Seriendesign © by Akkord Film Produktion GmbH nach den Büchern von Sabine Städing, illustriert von SaBine Büchner
Eine Akkord Film Produktion in Koproduktion mit SERU und ZDF

Printed in Latvia
ISBN 978-3-414-82687-9

5 4 3 2 1

Sie finden uns im Internet unter www.boje-verlag.de
Beachten Sie auch Buchstabenbande.com/petronella-apfelmus

Petronella Apfelmus®

Der große Fund

und andere Vorlesegeschichten

Nacherzählt von Diana Steinbrede

Nach den Drehbüchern von

Heike Sperling, Barbara Mirsch und Silja Clemens

Basierend auf der Buchreihe »Petronella Apfelmus« von Sabine Städing

(Illustrationen SaBine Büchner)

Boje

Inhalt

Der große Fund

Lea sitzt in ihrem Zimmer im Müllerhaus und grübelt über den Hausaufgaben. Da stürmt ihr Zwillingsbruder Luis herein.

„Guck mal, was ich gefunden habe!“ Stolz wedelt er mit einem Geldschein vor Leas Nase herum.

„Das sind 100 Euro!“, staunt Lea.

„So sieht's aus. Lag einfach so im Gras, bei der Bushaltestelle.“

„Wow. Darfst du ihn dann behalten?“

„Klar!“ Luis runzelt die Stirn. „Steht doch kein Name drauf.“ Er geht zu seiner Fußballspardose, öffnet sie und steckt den Schein hinein. „Endlich wieder Futter für die arme leere Dose." Dann greift er mit leuchtenden Augen nach einem Prospekt, der auf seinem Bett liegt. „Mein Traum-Skateboard wird Wirklichkeit!"

„Cool!", ruft Lea, die ihm über die Schulter blickt.

„Es kostet 99 Euro. Und weißt du was, Schwesterherz?" Luis lässt den Prospekt sinken und schaut sie an. „Der eine Euro, der übrig bleibt, gehört dir."

Lea lacht. „Wie großzügig von dir."

Den Rest des Tages verbringt Luis damit, schon mal von seinem tollen Skateboard zu träumen.

Am nächsten Morgen scheint die Sonne durch das Kinderzimmerfenster vom Müllerhaus. Luis bindet sich gerade gähnend die Schnürsenkel zu, als sein Blick auf die Fußballspardose fällt … Oh Schreck – sie ist offen!

„Hey!" Luis greift nach der Dose und lugt hinein. „Der Hunderter ist weg! Geklaut!" Bestürzt schaut Luis seine Schwester an.

„Wer soll ihn denn geklaut haben?", fragt Lea ratlos.

„Nichts anfassen!", sagt Luis bestimmt. „Das ist ein Fall für Luis Spürnase." Suchend läuft er im Zimmer umher.

„Und, Herr Spürnase?", hakt Lea nach.

„Nichts!" Luis sucht weiter. „Hm, am Fenster auch nichts." Er beugt sich zum Nachttisch. „Jetzt der Tatort." Als er auch dort nichts entdeckt, schnüffelt er an der Spardose. „Ich rieche leider nichts."

„Guten Morgen, ihr zwei!“, schallt da die fröhliche Stimme von Petronella Apfelmus durchs offene Fenster. Die kleine Apfelhexe schwebt auf ihrem Besen herein und landet auf der Fensterbank.

„Hallo Petronella!“, begrüßt Lea sie winkend.

„Du kommst genau richtig!“, fällt Luis ihr direkt ins Wort. „Wir müssen einen Dieb fangen.“

Petronella blickt ihn fragend an. Doch nachdem die Zwillinge ihr alles erklärt haben, ist sie sofort bereit zu helfen und schaut sich am Tatort um. Nachdem sie alles inspiziert

hat, bleibt sie vor der Spardose stehen und runzelt die Stirn. „Ich denke, es könnte sich um das Werk eines Hauswichtels handeln", meint sie schließlich.

„Gut möglich", überlegt Luis. „Aber wie können wir ihn denn überführen?"

Petronella denkt nach. „Hm, wir müssten die Fährte des Geldscheins aufnehmen ..."

„Luis ist leider nicht so die Spürnase", bemerkt Lea und fängt sich einen gekränkten Blick von ihrem Bruder ein.

Die kleine Apfelhexe lächelt. „Luis vielleicht nicht, aber wie wär's damit?" Sie schwingt ihren Zauberstab. „Probieren wir's mal: Lirum, larum, Apfelstraße, die Dose kriegt 'ne Spürhundnase. Hex höx!"

Plötzlich fängt die Fußballspardose vor den erstaunten Zwillingen an zu bellen und hüpft aufgeregt um Petronella herum.

„Ein Spürhund!“, ruft Lea begeistert. „Spüri, die Spürnase!“

„Aber wir brauchen einen Geldschein, an dem Spüri schnuppern kann“, wendet Luis ein. „Anders kann er ja keine Fährte aufnehmen.“

Spüri winselt bedröppelt, doch Lea hat die rettende Idee. Noch will sie aber nichts verraten, sondern ruft nur: „Wir treffen uns draußen!“, und stürmt aus dem Kinderzimmer.

Petronella und Luis machen sich mit Spüri auf den Weg nach draußen. Der Spardosenhund bellt und hüpft herum wie ein echter Hund, der es kaum erwarten kann, loszulegen. Zum Glück kommt Lea da schon aus dem Café gelaufen und schwenkt einen Geldschein in der Hand.

„Aus der Kasse vom Café“, verkündet sie. „Ich habe einen Zettel reingelegt, dass er nur geliehen ist.“

„Besser wir finden meinen Schein, bevor sie das lesen“, meint Luis.

„Na, dann sollte Spüri sich besser beeilen“, sagt Petronella. Die Zwillinge nicken sich zu und holen ihre Apfelkerndose aus der Tasche. Hex höx! Schon sind sie geschrumpft und Lea hält dem Dosenspürhund den Geldschein vor die Schnauze. „Spüri, such!“

Spüri schnuppert aufmerksam mit seiner schwarzen Fußballflecken-Nase, dann bellt er freudig und hüpft davon.

„Los, hinterher!“, ruft Luis. Die Geschwister setzen sich zu Petronella auf den Besen und ab geht die Post. Kreuz und quer folgen sie Spüri durch den Garten – da nimmt er plötzlich Witterung auf und verschwindet. Ein köstlicher Keksduft strömt aus dem Wohneimer von Raupe Amanda, und als die Freunde landen, finden sie dort einen fröhlich mampfenden Spüri vor.

„Ja, die schmecken gut, was?“ Amanda tätschelt Spüri und hält stolz ihre Keksschüssel im Arm. „Kekse à la Amanda, keiner macht sie so gut wie ich.“ Als sie Petronella und die Zwillinge entdeckt, winkt sie. „Hallo! Seht mal, ich habe Besuch. So ein gieriges Kerlchen. Das Hündchen weiß, was gut ist.“ Sie schmunzelt.

„Ist er nur wegen der Kekse hier?“, fragt Luis enttäuscht.

„Was heißt hier nur?“, empört sich Amanda. „Meine Kekse sind die allerbesten!“ Eifrig wirft sie Spüri noch ein paar Kekse ins Maul.

„Ja, aber er soll den Dieb fangen und nicht naschen“, protestiert Luis.

Amanda zuckt die Schultern. „Ich weiß zwar nicht, was hier los ist, aber bleibt ihr zum Essen? Es gibt Eintopf.“

Die Freunde lehnen dankend ab, denn schließlich soll Spüri ja die Fährte aufnehmen – und zwar diesmal die richtige. Lea hält ihm nochmals den Geldschein unter die Nase. „Spüri, such!“

Bellend springt Spüri davon und die Freunde klettern wieder auf Petronellas Hexenbesen. „Wir erklären dir später alles, Amanda", entschuldigt sich die kleine Apfelhexe und schon düsen sie wieder davon, diesmal in Richtung Teich.

„Was will er denn da?", wundert sich Luis, als Spüri schnurstracks auf den Steg zuhüpft.

„Da geht's nicht weiter – Spüri, stopp!" Doch zu spät – die Spürnase hüpft bellend weiter und landet mit einem lauten Platschen im Wasser. Schnell springen die Geschwister vom Besen und laufen zum Rand des Stegs. Von Spüri ist weit und breit nichts zu sehen, nur ein leises Blubbern ist zu hören. Ein Stock treibt vorbei. Ob er den fangen wollte?

Doch da fällt Petronella etwas ins Auge und sie zieht die Brauen zusammen. „Nein, Spüri will nicht spielen. Seht mal da!"

Auf dem See treibt ein kleines Floß, in dessen Mitte als Mast ein Stock steckt – und daran flattert ein Geldschein-Segel! Der Moosling lehnt gemütlich am Mast und döst,

während der Wichtel Nisse vor ihm steht und keck in die Gegend schaut.

„Nisse!“, ruft Luis wütend. „Also doch ... na warte!“ Er hebt drohend den Zeigefinger.

Petronella sieht Lea und Luis listig an. „Was ein Wichtelpirat kann, kann eine Apfelhexe schon lange.“ Mit diesen Worten springt sie auf ein Seerosenblatt und winkt ihren beiden Freunden, ihr zu folgen. Dann hält sie den Hexenbesen wie ein Paddel ins Wasser und ruft: „Apfeltarte und Motorstart!“

Der Besen beginnt zu rotieren wie ein Außenbordmotor und treibt das Seerosenboot an, das nun übers Wasser auf das Floß zuschnellt.

„Nisse, jetzt pass mal auf, wir kommen!“, ruft Luis, wobei er triumphierend die Faust in die Luft reckt.

Nisse sieht die Truppe durch sein Fernrohr nahen und bekommt einen gewaltigen Schreck. „Vermützt und zugenäht! Piraten!“, krakeelt er und befiehlt dem Moosling: „Kraft voll voraus!“

Der Moosling schreckt hoch, beugt sich über den Rand des Floßes, hält seinen Rüssel ins Wasser und beginnt, Luft ins Wasser zu blasen. Das Floß erhält ordentlich Antrieb. Eine wilde Verfolgungsjagd über den See beginnt und es geht im Slalom zwischen den Seerosenblättern hindurch. Nisse jubelt

und feuert den Moosling an, doch dem geht langsam die Puste aus. Erschöpft hält er schließlich inne und Petronellas Boot holt Nisse ein. Luis springt auf das Floß und packt Nisses Fernrohr, mit dem der Wichtel ihn angreifen will.

„Du hast meinen Hunderter geklaut!“, ruft Luis.

„Was?“ Nisse ist ratlos.

„Das Segel!“

„Das ist meins!“

„Nein, du hast es mir geklaut!“

„Ich hab es befreit“, verteidigt sich Nisse. „Du bist schuld, weil es war ganz eingesperrt. In einer ollen doofen Dose. Mein schönes Segel!“

In dem Moment taucht plötzlich Spüri mitten unter dem Floß auf und katapultiert es in die Luft. Nisse, Luis und der Moosling schreien auf und klammern sich fest. Doch bevor sie wieder sicher auf dem Wasser landen können, bläht ein Windstoß das Geldschein-Segel und weht sie durch die Luft davon.

„Hilfe!“, schreit Nisse und rutscht ab, doch Luis kann ihn im letzten Moment am Arm festhalten. Er steht am Mast und segelt gekonnt durch die Luft, während der Moosling ängstlich auf dem Floß kauert. „Ha, ha! Keine Angst!“, ruft Luis abenteuerlustig.

„Wir müssen ihnen helfen!“, bittet Lea die Apfelhexe und schaut ängstlich zu dem fliegenden Floß hoch. Doch Petronella winkt ab.

„Ach was, Luis kriegt das sehr gut alleine hin.“

Und genau so ist es. Lachend steuert Luis das Floß mithilfe des Geldscheins durch die Luft. Nisse und der Moosling halten sich an ihm fest, während er ein paar Kurven dreht und schließlich eine perfekte Landung auf dem Steg hinlegt.

Nisse und der Moosling rappeln sich auf. „Das war richtig toll, Luis“, sagt Nisse strahlend. „Ab jetzt darfst du immer mitfahren bei Kapitän Nisse!“

Luis zieht die Augenbrauen zusammen. „Ich will nicht in deine Mannschaft. Ich will meinen Schein!“ Wütend nimmt er sich den Geldschein vom Ast und will ihn wegtragen, doch so leicht gibt Nisse sich nicht geschlagen.

„Ey!“, ruft der Wichtel und packt den Schein an der anderen Seite. „Das ist mein Segel! Finger weg!“

„Ist es nicht!“, widerspricht Luis und sie ziehen beide an dem Geldschein, der sich gefährlich spannt.

„Hilf mir!“, herrscht Nisse den Moosling an, der sich daraufhin an ihn dranhängt.

Doch da kommt zum Glück Petronella mit Lea auf dem Besen angeflogen und schwingt ihren Zauberstab: „Apfelfleck – Hände weg! Hex höx!“ Nisse wird vom Zauberstrahl getroffen und lässt ächzend den Schein los, woraufhin Luis nach hinten plumpst.

„Danke, Petronella!“, ruft er, als die Apfelhexe neben ihnen landet.

„Drei gegen zwei ist voll gemein“, mault der Wichtel.

„Klauen ist gemein“, sagt Petronella streng.

Nisse grummelt beleidigt vor sich hin. Da platscht es und Spüri taucht aus dem Wasser auf. Er schüttelt sich und springt zu dem Geldschein, schnuppert daran und bellt.

„Und jetzt sperrst du mein Segel wieder in die Dose!“, jammert Nisse. „Oh, wie doof gemein!“ Er beginnt jämmerlich zu weinen.

„Nein, das ist jetzt zu nass“, sagt Luis. „Aber morgen verwandle ich den Schein in etwas noch Cooleres als das Segel.“

„Ach, echt?“, wundert sich Nisse.

„Echt. Wirst du schon sehen.“ Luis zwinkert ihm zu.

Schnell hexen die Zwillinge sich groß und gehen zurück zum Café, um den geliehenen Schein wieder in die Kasse zu legen. Gerade als sie die Terrasse erreichen, hören sie ein herzzerreißendes Schluchzen. Malina sitzt an einem der Cafétische, während ihre Mutter ihr beruhigend die Schulter tätschelt.

„Im Bus hatte ich ihn noch, Mama!“, schnieft Malina.

Die Zwillinge eilen zu ihr hinüber.

„Was ist los, Malina?“, fragt Lea.

Malinas Blick fällt auf den Geldschein in Luis‘ Hand und sie jauchzt auf. „Du hast ihn gefunden? Oh Luis! Danke, danke, danke!“ Sie springt auf und will ihm schon um den Hals fallen, doch Luis tritt empört einen Schritt zurück.

„Hey, Finger weg, das ist meiner!“

„Ach so“, sagt Malina enttäuscht. „Ich dachte ...“ Traurig wendet sie sich ab.

„Was ist denn passiert?“, hakt Lea nach.

„Malina hat von ihrer Oma einen Hundert-Euro-Schein geschenkt bekommen, für neue Schuhe“, erklärt Frau Sander. „Aber sie hat ihn irgendwo verloren.“

Luis und Lea wechseln einen alarmierten Blick und Luis versteckt den Geldschein rasch hinter seinem Rücken.

„Ach ja? Und wo?“, fragt er und befürchtet schon Schlimmes.

„Ich bin mit dem Bus hierhergefahren, und im Bus hatte ich ihn noch“, sagt Malina. „Ich muss ihn beim Aussteigen verloren haben.“

Lea wirft Luis einen durchdringenden Blick zu und er zieht zögernd den Schein wieder hinter seinem Rücken hervor. „Hm, tja, dann ist das wahrscheinlich doch deiner.“

„Echt?“ Malina strahlt. „Wo hast du ihn gefunden?“

„Bei der Bushaltestelle …“, murmelt Luis missmutig.

Malina fällt ihm um den Hals. „Danke Luis! Danke, danke, danke!“

„Ja, ja, schon gut“, sagt Luis enttäuscht und wendet sich ab, doch Frau Sander hält ihn zurück.

„Warte mal, mein Junge!“ Sie kramt in ihrer Tasche und zieht eine Münze hervor, die sie ihm in die Hand drückt. „Ehrlichkeit muss belohnt werden.“

„Schon klar, danke.“ Luis ringt sich mühsam ein Lächeln ab.

„Oh Mann, bin ich froh!“, jubelt Malina. „Ich will mir nämlich diese megamegacoolen Schuhe kaufen. Die mit den Streifen vorne …“

Lea sieht ihrem Bruder nachdenklich hinterher, wie er mit gesenktem Kopf im Café verschwindet. Ob sich da nicht irgendwas machen lässt?

Kurze Zeit später sitzt Luis auf seinem Bett und blättert lustlos in dem Prospekt mit dem Skateboard herum, als Lea ins Zimmer kommt.

„Was ist?", fragt er trübselig.

„Ich hab das Zwei-Euro-Stück verwandelt – in ein Skateboard!"

„Ha, ha, ha, ein Skateboard für zwei Euro?" Luis wirft ihr einen spöttischen Blick zu. „Das will ich sehen."

Lea öffnet ihre Hand und präsentiert ihrem Bruder ein kleines Spielzeugskateboard.

„Veräppeln kann ich mich selber“, murrt Luis und wendet sich wieder seinem Katalog zu.

„Kombinier doch mal, Spürnase!“ Lea hebt ihre andere Hand, in der sie die Dose mit den Apfelkernen hält. Auf Luis‘ Gesicht geht die Sonne auf. Na klar, die Kerne! Dass er da nicht gleich drauf gekommen ist!

Die beiden eilen in den Garten und hexen sich klein – und schon bald hört man das bewundernde „Ah!“ und „Oh!“ der

Gartenbewohner, während Luis auf seinem neuen Skateboard Slalom um Blumenstängel fährt und die Pilze als Sprungrampe benutzt. Er ist überglücklich! Lea sitzt mit Petronella, Amanda, dem Moosling und Nisse am Wegrand und schaut zufrieden zu. Da hat sich der Fund des Geldscheins und die Suche mit Spüri also doch noch gelohnt …

Die verhexte Bäckerei

In der Backstube der Familie Kuchenbrand herrscht heute dicke Luft. Denn Herr Kuchenbrand hat mal wieder viel zu viel zu tun, um etwas mit den Zwillingen Lea und Luis zu unternehmen.

„Wir wollten doch auf den Fußballplatz!", ruft Luis und wirft den Ball in die Höhe. „Sag bloß, du hast es vergessen!"

Sein Vater schaut hilflos auf die Zeichnung einer prächtigen Torte vor sich auf dem Tresen. „Äh … ich fürchte ja …" Er kratzt sich am Kopf und lächelt verlegen. „Tut mir leid, meine Großen, die Torte muss morgen fertig sein. Frau Sander hat Hochzeitstag."

„Na toll", mosert Luis. „Letzte Woche war's das Freibad …"

„Und neue Sportsachen kaufen waren wir auch nicht", ergänzt Lea. „Ihr vergesst alles!"

„Ja … stimmt …“ Herr Kuchenbrand schaut betreten drein. „Tut mir leid. Aber Mama und ich sind gerade ziemlich im Stress.“

Ohne ein weiteres Wort nehmen die Zwillinge ihren Ball und ziehen enttäuscht ab in den Garten.

Dort sitzt Petronella Apfelmus auf ihrem Baum und mampft ein gestreiftes Winterbäckchen. „Na, geht ihr Fußball spielen?“, fragt sie gut gelaunt.

„Wollten wir“, sagt Luis wütend. „Aber Papa hat's mal wieder vergessen.“

„Unsere Eltern sind total gestresst und überarbeitet“, erklärt Lea.

Da kommt Luis plötzlich eine Idee. „Kannst du nicht was zaubern, das sie entspannt?"

„Hmm ... Mit Stress kenne ich mich nicht aus, das ist ein Menschending." Petronella überlegt und hängt gedankenverloren den Apfelgriebs wieder an den Baum. Dann tippt sie ihn mit dem Zauberstab an und – Hex höx! – hängt ein neuer Apfel da. „Aber ich kann ja mal sehen, was ich in meinem Zauberbuch dazu finde."

„Danke, Petronella!" Lachend gehen die Zwillinge spielen, während die kleine Hexe in ihrem Apfelhaus verschwindet, um Nachforschungen anzustellen.

Als die Zwillinge am nächsten Morgen aufstehen und sich schlaftrunken anziehen, hören sie seltsame Geräusche von unten.

„Was ist das?“, fragt Lea unsicher und die beiden flitzen die Treppe runter in die Wohnküche. Dort stehen ihre Eltern, mitten im Raum aneinander gelehnt – und schlafen! Dabei schnarchen und seufzen sie, was das Zeug hält. Lea und Luis grinsen sich an.

„Das war Petronella“, flüstert Lea.

„Ja, ganz sicher!“, meint Luis.

Sie laufen zu ihren Eltern und versuchen, sie wachzurütteln. „Guten Morgen, aufstehen!“ Doch so sehr sie auch rufen und schütteln – die Kuchenbrands werden einfach nicht wach. Da greift Luis zum Chilistreuer und bläst seinen Eltern etwas in die Nase. Sie müssen heftig niesen, purzeln auf den Boden – und schlafen trotzdem weiter!

Das Niesen war so heftig, dass es Petronella, die gerade auf ihrem Hexenbesen im Anflug war, einen Salto drehen lässt. Die beiden Kinder laufen zum offenen Fenster und halten nach ihr Ausschau. „Das war ein Nieser wie ein Orkan!“, jubelt die kleine Apfelhexe. „Wart ihr das etwa?“

Die Zwillinge schütteln den Kopf und zeigen ihr die schlafenden Eltern auf dem Boden.

„Da steckst du dahinter, richtig?“, fragt Luis.

Petronella nickt eifrig und stützt sich mit ihrem Hexenbesen auf dem Tresen ab. „Ich hab' in meinem Hexenbuch einen Erholungsschlaf-Zauber gefunden, der klang genau richtig für eure Eltern: nach nur einer Nacht fühlt man sich wie nach einem Urlaub!"

Lea hockt sich ratlos neben Herrn und Frau Kuchenbrand. „Hm, und wie lange soll dieser Urlaub denn noch dauern?"

Petronella zuckt mit den Schultern. „Menschen sind unberechenbar. Vielleicht wachen sie in einer Stunde auf, vielleicht erst heute Abend. Doch bis dahin sollten sie es gemütlicher haben." Die Apfelhexe zückt ihren Zauberstab und lässt das Bäcker-Ehepaar durch die Luft Richtung Sofa schweben, während die Zwillinge staunend zusehen.

„Oh verflixt, Frau Sander!“, fällt Lea da plötzlich ein.

Petronella ist abgelenkt und dreht sich zu ihr um. Herr und Frau Kuchenbrand sausen nach unten und landen mit einem Plumps auf dem Sofa. „Huch! Wenigstens weich gelandet.“ Petronella lächelt betreten. „Und wo ist jetzt Frau Sander?“

„Frau Sander will heute ihre Torte abholen“, erklärt Lea und Luis rauft sich die Haare. Sofort machen die drei sich auf den Weg in die Backstube.

Dort sind die Raupe Amanda und die beiden Apfelmännchen Karottenwams und Rübenbach heimlich auf der Jagd nach Leckereien.

„Her mit dem Zucker!“, ruft Amanda gerade, als die Zwillinge mit der Apfelhexe hineinstürmen. Rasch verstecken die Zuckerdiebe sich hinter einem Becher mit Backgeräten und beobachten, wie Lea ihrer Freundin die Tortenzeichnung von Herrn Kuchenbrand zeigt.

„Hübsche Torte“, meint Petronella und zückt ihren Zauberstab. „Aufgepasst: Lirum, larum Apfelbrei, gemalte Torte komm herbei! Hex höx!“ Im Handumdrehen steht eine hübsche, mit Herzen verzierte Torte auf dem Tresen, die genauso aussieht wie die auf der Zeichnung. „Das wär's, Kinder. Frau Sander kann kommen.“

„Super! Zaubern können spart echt 'ne Menge Arbeit!", sagt Luis staunend und geht zufrieden mit seiner Schwester aus der Küche. Doch da hören sie hinter sich plötzlich Würge- und Hustgeräusche. Als sie sich umdrehen, entdecken sie Amanda und die beiden Apfelmännchen, die es nicht lassen konnten, von der Torte zu naschen. Doch nun halten sie sich die Bäuche und verziehen die Gesichter.

„Was macht ihr denn hier?", will Lea wissen.

„Probieren", nuschelt Amanda. „Aber die Torte schmeckt nach ... Papier!"

Davon müssen die Zwillinge sich sofort selbst überzeugen. Sie nehmen jeder einen Bissen und verziehen angewidert die Gesichter. „Bäh! Ungenießbar!" Luis blickt Petronella an. „Und jetzt?"

Petronella hext betrübt die missratene Torte weg, doch dann hellt sich ihre Miene auf. „Was wohl: Los geht die Tortenbäckerei!"

Also schreiten die Freunde mit vereinten Kräften zur Tat. Lea greift nach dem Rezept und beginnt, vorzulesen: „Zuerst das Mehl." Gemeinsam backen die Freunde auf so zauberhafte Weise, wie die Küche es wohl noch nie erlebt hat. Da wird Mehl mit dem Zauberstab durch die Luft geschickt und der Zuckertopf wird zur Raupenkiste. Die Butterstücke werden zu Skateboards, auf denen die Apfelmännchen und ein kleingezauberter Luis jubelnd durch die Suppenkelle in die Rührschüssel jagen. Petronella lässt den Teig mit ihrem Zauberstab zum Kneten über den Tresen hüpfen, und als Lea mit dem

Nudelholz naht, ergreift er die Flucht. Eine Teig-Verfolgung durch die ganze Küche beginnt. Eier werden mit dem Schöpfkellen-Katapult in die Luft geschleudert, von Petronella geöffnet und in die Rührschüssel gehext. Die

Küchenmaschine wird zum Karussell, das ein bisschen außer Kontrolle gerät und den mit Eimasse bekleckerten Rübenbach an die Decke klatscht, dass er festklebt. Gerade als Lea den

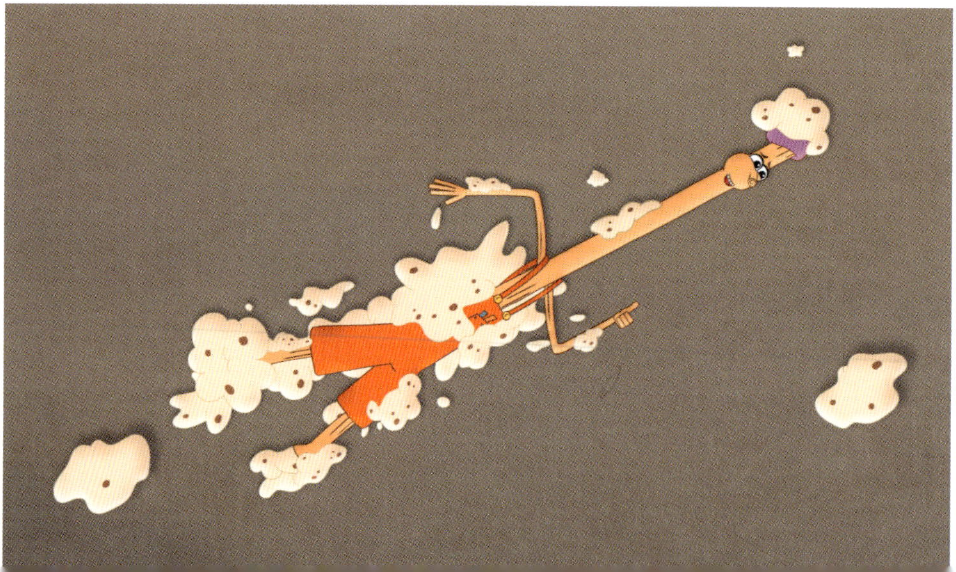

dampfenden Kuchen aus dem Backofen holt, ertönt ein Klopfen an der Tür.

„Hallohooo!"

Alle schauen erschrocken aus dem Fenster und Luis hext sich schnell wieder groß. „Oh nein, Frau Sander ist schon da!"

Die Klebewirkung von Rübenbachs Eimasse lässt nach und er baumelt gefährlich an der Decke. Die Zwillinge wissen nicht, was sie zuerst tun sollen.

„Hallo, Herr Kuchenbrand?" Frau Sander klopft weiter und geht nun zum Fenster.

Kreischend fällt Rübenbach von der Decke, doch Petronella hext schnell aus dem Teig ein Trampolin, das ihn sicher auffängt. Unterdessen zieht Luis rasch die Vorhänge zu, doch Frau Sander hat ihn schon gesehen. Er steckt den Kopf wieder raus. „Oh, hallo Frau Sander! Herzlichen Glückwunsch zum Hochzeitstag. Der wievielte ist das denn eigentlich?"

Frau Sander runzelt die Stirn. „Der fünfzehnte. Deshalb habe ich deinen Vater auch um eine besondere Torte gebeten, die ich JETZT gern abholen würde."

Lea schaut ratlos auf den unfertigen Kuchen, während Luis weiterplappert: „Aber natürlich, die Torte! Sie ist wirklich sehr, sehr schön geworden. Ich bringe sie Ihnen gleich raus. Warten Sie doch bitte so lange auf der Terrasse!" Damit verschwindet er wieder hinter den Vorhängen, doch Frau Sander lässt sich nicht so leicht zufriedenstellen.

„Warum ist denn das Café noch nicht geöffnet? Wo ist dein Vater?“ Als Luis nicht antwortet, geht sie weiter. „Herr Kuchenbraaaaand! Hallooooo!“, trällert sie.

Luis beobachtet sie durch einen Spalt. „Mist, sie will zu Mama und Papa. Ich mach ... keine Ahnung was ... und ihr macht die Torte fertig!“

Als Luis in die Wohnküche kommt, sind seine Eltern endlich aufgewacht.

„Guten Morgen, mein Großer!“, begrüßt Herr Kuchenbrand ihn gut gelaunt, während seine Frau noch verschlafen auf dem Sofa sitzt. Bevor Luis etwas sagen kann, läuft schon Frau Sander am Fenster vorbei.

„Herr Kuchenbrand! Wo sind Sie?"

Luis' Vater ist perplex. „Äh ... Frau Sander? Warum die schon?"

Da fällt Frau Kuchenbrands Blick auf die Uhr. „Paul! Es ist drei Uhr nachmittags!", ruft sie entsetzt.

„Waaas? Warum habt ihr uns nicht geweckt?" Herr Kuchenbrand schaut Luis vorwurfsvoll an.

Frau Sander klopft nun energisch an die Haustür und Frau Kuchenbrand geht hin, um zu öffnen. Während Luis und seine ahnungslosen Eltern versuchen, Frau Sander irgendwie hinzuhalten, verpassen Petronella, Lea und ihre Freunde der Torte den letzten Schliff. Doch die Kundin ist äußerst ungeduldig.

„Frau Sander, warten Sie!“, ruft Herr Kuchenbrand noch, aber sie lässt sich nicht länger aufhalten und stürmt in die Backstube. Rasch verstecken sich Petronella und die Apfelmännchen.

Verblüfft schauen die Kuchenbrands auf den Tresen der Backstube.

„Tadaaaa!“, präsentieren Lea und Luis die Sahnetorte, die mit rosa Herzen verziert ist und auf der ein glänzender Apfel prangt.

„Aber … sie ist ja fantastisch!“, ruft Frau Sander aus, und die Eltern der Zwillinge lächeln sich erleichtert an. „Ich dachte schon, Sie hätten es vermasselt“, sagt Frau Sander, während sie die Torte hochhebt und begutachtet.

Da schiebt sich plötzlich der schmatzende Kopf von Amanda unten aus dem Kuchenteig. Lea hält erschrocken den Atem an.

„Was ist das?“, fragt Frau Sander mit zusammengekniffenen Augen. Petronella und die Apfelmännchen wagen von ihrem Versteck aus kaum hinzusehen. Hat Frau Sander etwa Amanda entdeckt?

„Was … ist … das?“ Nun zeigt Frau Sander auf den Fondant-Apfel, der die Torte ziert. Alle atmen erleichtert auf.

„Warum ein Apfel?“, hakt Frau Sander nach.

Herr Kuchenbrand beginnt herumzudrucksen, doch da bricht Frau Sander schon in Gelächter aus. „Ach so! Ein Paradiesapfel! Adam und Eva, jetzt verstehe ich. Ganz toll, vielen Dank!“

Lea nutzt die Gelegenheit, um die zappelnde Amanda aus dem Teig zu ziehen und verschwinden zu lassen.

Schnell führt Frau Kuchenbrand die strahlende Kundin nach draußen, die ihr noch einen schönen Sonntag wünscht.

„Wo kommt diese Torte her?“, wundert sich Herr Kuchenbrand.

„Die haben wir gebacken!“, sagt Luis stolz, und Lea grinst.

„Also, die sieht toll aus!“ Herr Kuchenbrand lacht. „Habt ihr sie auch probiert?“

Lea schaut in die Suppenkelle, wo Amanda vollgefressen auf dem Rücken liegt und sich die Lippen schleckt. „Klar. Sie ist köstlich!“

„Dann ...“, sagt Herr Kuchenbrand lächelnd, „habt ihr mich wohl gerettet! Und wir können den Rest des Tages auf dem Fußballplatz verbringen!“ Er nimmt die beiden Kinder in den Arm und wirbelt sie im Kreis herum.

Lea und Luis jubeln. Da richtet ihr Vater sich mit ernstem Gesicht auf.

„Aber erst, nachdem wir die Backstube saubergemacht haben."

Die Zwillinge wechseln verstohlen einen Blick mit Petronella, die lächelnd den Zauberstab schwenkt.

„Das ... das machen wir", sagt Lea und mit vereinten Kräften bugsieren sie ihren Vater aus der Backstube hinaus.

„Ja, wir sind jetzt ein eingespieltes Team, weißt du?“, erklärt Luis. „Da geht es schneller ohne dich.“

Verdattert bleibt Herr Kuchenbrand vor der Backstubentür stehen. „Ihr wollt wirklich freiwillig aufräumen? Na, wer hat euch denn verzaubert?“

Petronella sitzt vergnügt in der Rührschüssel und legt den Finger an die Lippen. Das war wirklich ein verhexter Tag in der Backstube.

Was ist nur mit
Dornwald los?

Im gemütlichen Apfelhaus von Petronella Apfelmus, hoch oben im Apfelbaum, ist heute eine Menge los. Die kleine Hexe hält ihre Sprechstunde ab. Die Zwillinge Lea und Luis sind dabei und helfen ihrer Freundin, denn sie sind mittlerweile schon selbst kleine Experten, wenn es um die Wehwehchen der Gartenbewohner geht. Petronella verabschiedet gerade den Moosling, dem sie ein Fläschchen mit Anti-Juck-Saft verschrieben hat.

„Wenn die Rüsselnase wieder juckt, weißt du ja, was zu tun ist“, sagt sie und drückt den strahlenden Moosling zum Abschied an sich. Auch Lea und Luis verabschieden sich und wünschen ihm eine gute Besserung. Doch als der kleine Kerl gerade die Tür aufmacht, steht Waldschrat Dornwald in seiner ganzen Größe davor und brüllt: „Platz da! Notfall!“

Er schubst den verängstigten Moosling zur Seite und lässt sich bäuchlings auf Petronellas Sofa plumpsen.

„Ein Notfall?“, fragt die Apfelhexe mit hochgezogenen Augenbrauen. „Deswegen musst du noch längst nicht andere wegschubsen.“ Sanft schiebt sie den Moosling nach draußen und schließt die Tür.

„Auaaa! Mein Hals!“, stöhnt Dornwald.

Petronella seufzt. „Dann sag mal schön A.“

Dornwald reißt gehorsam sein Maul auf und Petronella nickt. „Oh ja, schratige Halsschmerzen. Das kommt bekanntlich vom Brüllen.“ An Lea gewandt fährt sie fort: „Bring mir bitte mal die Salbeitropfen.“

Lea eilt zum Regal und bringt ihr ein Fläschchen mit grünem Saft.

„So heilen wir das in Null Komma Hex.“ Petronella hält Dornwald das entkorkte Fläschchen unter die Nase und er macht ein angewidertes Gesicht.

„Hilft das auch gegen mein Fußkrallenjucken?“, will er wissen. „Fühlt sich an, als hätte ich Katzenflöhe.“ Er kratzt sich am Fuß und allerlei Borsten und Dreck fliegen in Richtung der Zwillinge. Wütend schauen sie Dornwald an.

„Katzenflöhe?“, fragt Petronella. „Zum Glück bist du keine Katze.“

„Und mein Daumen klemmt“, beschwert sich der Waldschrat.

„Dornwald“, Petronella hebt den Finger. „Lea, Luis und ich können *alles* heilen.“

„Mein Hörknochen zwickt und quietscht so komisch“, fällt Dornwald dann noch ein und bohrt sich im Ohr.

Petronella zwinkert Lea und Luis zu. „Legen wir los!“

Das ist ein Wirbeln und Rühren und Flitzen im Apfelhaus! Während die Zwillinge Zutaten zusammentragen und die Apfelhexe sie in den Kessel gibt, eifrig rührt und abschmeckt, fällt Dornwald ein Zipperlein nach dem nächsten ein:

„Mein Schlüsselbein hinkt und knackst dabei … meine Wimper ist gebrochen … und meine Achseln zucken und jucken so komisch …“

Am Ende verpufft eine große blaue Wolke über dem Hexenkessel und der Heiltrunk ist fertig. Petronella wischt sich den Schweiß von der Stirn und bringt Dornwald die Flasche. Der Schrat reißt sie ihr mürrisch aus der Hand.

„Na, das hat ja wieder gedauert!“, motzt er, geht aus dem Apfelhaus und knallt die Tür hinter sich zu.

Petronella seufzt, eilt zur Tür und ruft ihm noch hinterher: „Du musst täglich drei kleine Tropfen nehmen, Dornwald, nur drei! Ja?“

Keine Antwort.

„Hörst du?“

„Drei Tropfen, ich bin ja nicht doof!“, grummelt Dornwald noch, dann ist er verschwunden. Petronella zuckt die Schultern und geht zurück ins Apfelhaus.

Dornwald wandert zur Finsterhecke, wo er schließlich die Medizinflasche aufmacht und vorsichtig daran schnuppert.

Er lässt einen großen Tropfen auf seine Zunge fallen und schluckt ihn hinunter. „Oh!“ Ein seliges Grinsen legt sich auf sein Gesicht. Er nimmt einen zweiten, noch größeren Tropfen. „Zwei ...“ Dann leert er den Rest der Flasche in einem Zug aus und rülpst laut. „Aaah, mir geht’s schon viel besser!“ Doch oh weh – da beginnt es in seinem Bauch laut zu rumoren und blaue Dämpfe steigen ihm aus dem Maul. Er wird von einem gewaltigen Rülpsen geschüttelt, dessen Wucht ihn aus der Finsterhecke hinaus und durch die Luft schleudert. Der RUMS, mit dem er landet, ist so laut, dass man ihn sogar im Apfelhaus hört. Petronella nimmt verwundert ihr Fernrohr zur Hand, um nach dem Rechten zu sehen. „Oh, oh ...“, murmelt sie, als sie Dornwald am Boden liegen sieht. Sofort schwingt sie sich mit Lea und Luis auf den Besen und sie fliegen zu dem Waldschrat hinüber. Verärgert nimmt sie ihm die leere Flasche aus der Hand, die er immer noch umklammert hat. „Dornwald, du solltest doch nur drei kleine Tropfen nehmen!“, schimpft die Apfelhexe.

Dornwald rappelt sich auf und sieht Sternchen. Er schwankt ein bisschen. Dann reißt er das Maul auf, um Petronella anzubrüllen – doch es kommt nur ein Miauen heraus! Erschrocken hält der Waldschrat sich das Maul zu und die Zwillinge brechen in Gelächter aus.

„Auweia, schlimmer als ich dachte", stellt Petronella grinsend fest, während Dornwald miauend vor sich hinschimpft und sich verzweifelt an den Hals greift.

„Selber schuld, wenn du den Heiltrunk runterkippst, als wäre es Apfelsaft", meint Petronella.

Dornwald maunzt und verschränkt beleidigt die Arme.

„Geht das eigentlich auch wieder weg?", fragt Lea.

„Tja, da hilft nur Stimmgabelkraut", erklärt Petronella und Dornwald wirft miauend die Arme hoch.

„Vielleicht, wenn du mich ganz freundlich bittest", sagt Petronella mit einem verschmitzten Lächeln zu ihm.

„Du meinst: lieb miaust?", wirft Luis lachend ein.

Da hören sie plötzlich eine andere Stimme: „Miez? Miez, Miez!"

Es ist Frau Kuchenbrand, die durch das Gemaunze angelockt worden ist.

„Miez? Wo bist du?" Suchend läuft sie im Garten umher und kommt der Finsterhecke immer näher.

„Was sollen wir jetzt machen?", fragt Lea erschrocken.

„Versteckt euch, schnell!", ruft Petronella und die Freunde

suchen in der Hecke Deckung. Nur Dornwald bleibt beleidigt stehen und maunzt vor sich hin.

„Verhext, du auch, Dornwald!“, zischt Petronella. Doch der Waldschrat denkt gar nicht daran.

„Miez? Mieze!“ Frau Kuchenbrand kommt immer näher.

„Schnell! Sonst sieht sie dich noch!“, jammert Lea.

Petronella versucht, Dornwald am Schwanz ins Versteck zu ziehen, doch der fährt herum und maunzt wütend.

„Ja, wo bist du denn, Mieze?“, ruft Frau Kuchenbrand, nun schon gefährlich nah an der Finsterhecke.

Mit einem raschen „Hex höx!“ zaubert Petronella Dornwald zwei Pflaster aufs Maul und zieht ihn mit einem Ruck in die Hecke – gerade noch rechtzeitig, als Frau Kuchenbrand sich vorbeugt. Ihre Stimme ist jetzt genau über ihnen.

„Frau Kuchenbrand denkt, dass du die Katze bist“, wispert Petronella, um Dornwald zu beruhigen. Doch genau das Gegenteil ist der Fall. Empört schaut der Waldschrat sie an und platzt fast vor Wut – die Pflaster lösen sich und ein lautes Miauen dringt aus seinem Maul.

Frau Kuchenbrand tastet in der Hecke herum. „Ich hol dich da raus, Kätzchen, warte“,

sagt sie beruhigend, während die Freunde krampfhaft versuchen, ihrer Hand auszuweichen. Dann geht Frau Kuchenbrand zurück zum Haus.

„Was machen wir jetzt?", fragt Luis. „Ich wette, sie holt die Heckenschere."

„Wir müssen sie davon abhalten", sagt Lea.

„Wir müssen Dornwald von hier wegbringen", beschließt Petronella, und an den Waldschrat gewandt: „Oder willst du vielleicht, dass sie deine Hecke zerschneidet?"

Dornwald schüttelt betreten den Kopf.

Sie beschließen also, zum Teich zu fliegen, damit Dornwald in Sicherheit ist. Lea hext sich mit den Apfelkernen groß und steht Schmiere, falls ihre Mutter zurückkommt. Doch als Petronella mit Dornwald auf dem Hexenbesen starten will, hebt dieser nicht ab. Der Waldschrat ist viel zu schwer! Luis schiebt stöhnend von hinten, doch nichts hilft – der Besen bewegt sich keinen Zentimeter vorwärts.

Da ruft Lea auch schon: „Mama kommt – mit der Heckenschere!“

Petronella unternimmt einen letzten vergeblichen Versuch und stöhnt: „Heiliger Apfelwurm!“ Sie überlegt, dann hat sie eine Idee und schwingt den Zauberstab:

„Lirum, larum Apfelbonbon,
Dornwald fliegt ganz schnell davon,
mit einem Ballon, Hex höx!“

Ein Seil, an dessen Ende ein Ballon befestigt ist, legt sich um Dornwalds Bauch – und schwupps schwebt Dornwald in die Luft.

„Wir treffen uns drüben am Steg!“, ruft Petronella vergnügt und setzt sich mit Luis auf den Hexenbesen, während die große Lea schon mal losläuft.

Dornwalds Flug verläuft jedoch nicht so wie geplant: Eine Windböe erfasst ihn und bringt ihn vom Kurs ab. Mit lautem Maunzen macht der Waldschrat auf sich aufmerksam und Lea schaut nach oben.

„Petronella!", ruft sie der Apfelhexe zu und gestikuliert zu dem hin und her trudelnden Dornwald. Die Hexe kehrt um und schüttelt den Kopf.

„Doch nicht da lang, Dornwald." Mit ihrem Zauberstab dirigiert sie ihn wieder Richtung Teich. Doch dieses Mal knallt Dornwald volle Kanne gegen einen Baumstamm und sieht zum zweiten Mal an diesem Tag Sternchen.

Bevor Lea ihm zu Hilfe eilen kann, ist jedoch ihre Mutter schon wieder da.

„Lea, hast du das auch gehört?", wundert sie sich. Ein miauender Dornwald schwebt hinter ihr vorbei und Lea reißt die Augen auf.

„Äh, was denn?“ Entsetzt beobachtet Lea, wie Dornwald weiterfliegt, genau auf einen spitzen Ast zu. Dornwald maunzt, der Ast pikst in den Ballon und es gibt einen lauten Knall. Der Waldschrat saust nach unten und klemmt nun in einem rundgewachsenen Ast fest, wo er kläglich weitermaunzt. Von unten ist nur sein flauschiges Hinterteil zu erkennen.

Alle Versuche von Lea, ihre Mutter abzulenken, schlagen fehl, denn Dornwald ist einfach nicht mehr zu überhören. Petronella und Luis haben den Waldschrat gerade erreicht und bitten ihn, still zu sein, bis Lea ihre Mutter weggelockt hat, da ruft Frau Kuchenbrand: „Da ist sie! Oh, die ist aber niedlich. Ich hol die Leiter!“ Und schon eilt sie wieder davon.

„Petronella, schnell!“, ruft Lea besorgt nach oben, wo die Apfelhexe und Luis an Dornwalds Ohren ziehen. Sie ziehen und zerren, doch sie kriegen ihn einfach nicht aus dem Astkreis heraus.

„Sag uns Bescheid, wenn sie kommt“, keucht Luis.

„Äh ...“, stammelt Lea, „sie kommt!“

Petronella und Luis verstecken sich schnell. Frau Kuchenbrand stellt die Leiter an den Baum und will hinaufklettern.

„Warte, Mama, lass mich das doch machen“, versucht Lea ihr Glück, doch ihre Mutter schüttelt den Kopf.

„Zu weit oben. Du kommst da nicht dran.“ Sie klettert die Leiter hoch.

„Tu was, Petronella“, flüstert Luis aus seinem Versteck im Laub. „Los!“

Frau Kuchenbrand hat Dornwald schon fast erreicht, da hört sie plötzlich eine Stimme, die ihr irgendwie bekannt vorkommt. „Hallo? Verzeihen Sie bitte …“

Sie schaut nach unten. Und da steht – nanu, ist das nicht ihre Nachbarin, Frau Apfelmus? „Oh, hallo, Frau Apfelmus!“ Frau Kuchenbrand steigt schnell die Leiter wieder hinunter.

„Hallo, Frau Kuchenbrand“, begrüßt die Apfelhexe sie. Sie hat sich großgehext und trägt einen Korb mit Deckel am Arm. „Ich suche meine Katze.“

„Ah, dann ist das wohl Ihre Katze hier“, sagt Leas Mutter und zeigt nach oben auf den Baum.

„Sie ist hier?“, tut Petronella ganz verwundert. „Ach, so ein zauberhafter … äh … Zufall.“ Sie lacht verlegen.

„Sie steckt fest“, erwidert Frau Kuchenbrand nickend. „Ich wollte sie gerade befreien.“

„Oh, bitte, lassen Sie mich das machen.“ Schnell klettert Petronella die Leiter hoch, bevor Frau Kuchenbrand es sich anders überlegen kann. Doch oben angekommen, reicht sie trotzdem nicht bis an Dornwald heran. Verstohlen zieht sie ihren Zauberstab hervor und murmelt:

„Lirum, larum Apfelbrei,
Ast gib jetzt den Dornwald frei.
Hex höx!“

Der Ast federt nach unten und schleudert Dornwald im hohen Bogen durch die Luft. Er landet unsanft am Boden – und steckt schon wieder fest, dieses Mal in einer kleinen Höhle am Fuß eines großen Baums. Ein klägliches Maunzen dringt herüber.

„Ach, du grüne Unkentunke!“, schimpft Petronella und klettert die Leiter wieder hinunter.

Doch Frau Kuchenbrand ist schon losgelaufen. „Armes Kätzchen!“

Zwillinge und Apfelhexe eilen hinterher. Petronella versucht, Frau Kuchenbrand ein paar Stolperfallen in den Weg zu hexen, doch sie ist einfach zu schnell und erreicht Dornwald als Erste. Zum Glück ist nur sein Hinterteil zu sehen, das zappelnd aus der Baumhöhle hinausragt.

„Da steckst du!“, sagt Frau Kuchenbrand. „Liebe Mieze, komm, ich helfe dir.“ Sie will schon nach Dornwald greifen, da springt Petronella ihr in den Weg.

„Lieber nicht anfassen! Er hat … äh … manchmal … äh … Katzenflöhe."

Die Zwillinge hängen sich an die Arme ihrer Mutter, damit sie nichts mehr machen kann, und Petronella druckst weiter herum. „Und … äh … Katzenflöhe können auch bei Menschen schrecklich jucken … ja, ganz besonders bei Menschen." Sie lächelt entschuldigend.

Unterdessen ist es Dornwald endlich gelungen, sich zu befreien und er huscht hinter dem Stamm in Deckung. Petronella setzt ihren Korb ab und schiebt ihn mit dem Fuß nach hinten. „Deshalb habe ich auch das Katzenkörbchen dabei", sagt sie.

„Darf ich Ihre Katze denn mal sehen?", fragt Frau Kuchenbrand.

„Wissen Sie, er wird auch manchmal kratzbürstig ...", stammelt Petronella. „Wie eine echte Katze."

„Er? Ich dachte, es ist eine Sie." Frau Kuchenbrand stemmt die Hände in die Seiten. „Wie heißt er denn, Frau Apfelmus?"

Petronella gerät ins Schleudern. „Dor... äh Der ... äh, äh ... Waldemar."

„Der Waldemar?", fragt Frau Kuchenbrand verwundert und Dornwald schlägt sich in seinem Versteck mit der Hand gegen die Stirn.

„Manchmal nennen wir ihn auch Dorni." Petronella grinst verlegen und Lea und Luis müssen lachen. „Oder wir sagen

auch gerne Flohpelz – natürlich liebevoll. Oder Grummelkissen!" Die Zwillinge lachen sich kaputt und nun wird es Dornwald zu bunt. Schnell klettert er in den Korb und zieht den Deckel hinter sich zu, nicht ohne vorher noch einmal vorwurfsvoll zu maunzen.

„Oh, da war er!“, ruft Frau Kuchenbrand entzückt.

Schnell hebt Petronella den Korb hoch. „Vielen, vielen herzlichen Dank! Wir müssen leider. Alles ein bisschen viel für den armen Kater.“ Sie tätschelt liebevoll den Korb und geht davon.

Frau Kuchenbrand schaut ihr stirnrunzelnd hinterher. „Na, Hauptsache der Kater ist gerettet.“

„Du bist eine richtige Katzenretterin, Mama“, sagt Lea und fällt ihr um den Hals. Luis tut es ihr gleich. Nicht, dass sie doch noch hinter Petronella herläuft …

Kurz darauf treffen sich die Freunde wieder im Apfelhaus, wo Dornwald mürrisch auf dem Sofa hockt. Da kommt Petronella herein, die Hand hinter dem Rücken versteckt.

„Ich hab was für dich!“, sagt sie und präsentiert Dornwald zwei Blätter. Mit einem freudigen Miauen nimmt er sie und stopft sie sich sofort ins Maul. In seinem Magen beginnt es zu rumoren und Lea und Luis sehen erschrocken zu, wie braune Dampfwölkchen aus seinem Maul aufsteigen, doch dann –

brüllt Dornwald endlich wieder sein altbekanntes Waldschrat-Brüllen. Die anderen jubeln.

„Ich hab's ja gesagt, wir können alles heilen!", sagt Petronella und klatscht in die Hände. „Endlich Schluss mit dem Katzenjammer."

„Miauuuu", macht Dornwald und hält sich erschrocken die Hände vors Gesicht. Die anderen schauen ihn bestürzt an, da lacht Dornwald donnernd auf. „Kleiner Witz!"

Alle brechen erleichtert in Gelächter aus. Das Stimmgabelkraut hat anscheinend nicht nur den Katzenjammer geheilt …